Marietta Alboni

MARIETTA ALBONI

CÉLÈBRE CONTRALTO

BIOGRAPHIE

PAR MADAME ÉLISA ACLOCQUE,

SUIVIE D'UNE NOTICE

SUR FANNY CERRITO

Ornée du portrait de Madame Alboni

PRIX : 50 CENTIMES.

PARIS,

CHEZ MOQUET, LIBRAIRE-ÉDITEUR,

COUR DE ROHAN, 3, PASSAGE DU COMMERCE.

—

1848

1847

MARIETTA ALBONI

CÉLÈBRE CONTRALTO.

Il n'est point de larmes durables; il ne peut, il ne saurait exister d'éternels regrets ; or, voici pourquoi je commence aussi solennellement cette biographie dont le ciel doit être rose comme celui de la riante Italie, et peuplé d'oiseaux au gai plumage, aux chants mélodieux.

Pour écrire un peu, il faut lire beaucoup, et puis il faut comparer pour pouvoir arriver à un résultat: c'est ce que je fais, et cela m'amuse parfois ; jugez-en :

Il y a un an, justement à la même époque, les journaux s'en allaient disant adieu à la Senorina Rosine Stolz, Rosine la passionnée, la dramatique, Rosine l'inremplaçable, etc. Toutes les revues, toutes les chroniques, toutes les brochures faisaient entendre leurs regrets, qui, par des élégies, qui, par des bouquets à Chloris, qui par des palinodies exagérées :

Adieu, ô Rachel !

Adieu, ma Valentine !

Adieu, ma Reine de Chypre !

Addio, mia Catarina !

Bonsoir, **Odette.**

Mme Stolz fut l'écho des feuilletons, des boudoirs et des théâtres pendant quinze grands jours !

Certes, elle méritait ces regrets, ces enivrements, à juste titre ; et pour ma part de femme, j'aurai longtemps pour celle qui charma bon nombre de mes soirées, une fleur de souvenir !

Puis, Mme Stolz fut oubliée ; la comédie du monde ressemble trait pour trait à la tragédie politique :

Le roi est mort ! Vive le Roi !

La comédie du monde a pour chef un habile magicien. Il fait grand bruit à sa porte pour amadouer le passant ; à l'aide de sa baguette, il évoque un talent extraordinaire ; un autre plus merveilleux encore ; le passant s'arrête pour l'écouter ; il entre, on le suit ; ils entrent tous comme les moutons de Panurge ; bientôt la salle est pleine, et la voyageuse a trouvé sa rivale ; je dis plus : elle l'a surpassée ! Son nom circule en vingt endroits divers ; son nom est écrit dans cent colonnes : sa réputation grandit à l'égal du géant et dépasse la cime des plus hauts palmiers. Ainsi va le monde, et peut être est-ce heureux qu'il en soit de même pour tous !

Revenons à mon sujet.

Aujourd'hui l'artiste en espérance, la désirée des dilettanti, l'espoir des stalles d'orchestre, l'émule des Pisaroni, des Pasta, des Sontag, des Malibran, c'est Mlle Alboni, dont l'engagement à l'opéra paraît être chose définitivement arrangée, puisque je lis en date du 9, dans un journal de théâtre : « On dit (ce serait un coup de maître) que M. Nestor Roquelan a engagé Mlle Alboni, la célèbre contralto qui a révolutionné Londres cet été. Mais alors M. Roqueplan ne serait donc pas seulement un homme heureux ; ce serait par dessus tout un homme habile. Nous le soupçonnions depuis longtemps déjà, à vrai dire, de ce forfait ! »

C'est plus qu'un conseil du directeur de l'opéra, si je ne me trompe.

Un autre ajoute, et c'est un savant maître que celui-là, nous le connaissons tous : On vient de conclure l'engagement d'une des plus excellentes cantatrices, et qui, plus est une des premières artistes de l'Europe dont la vogue a été fort grande cet été à Londres, et dont j'ai entendu parler en Allemagne il y a deux ans avec la plus vive admiration.

Ici la lutte s'engage, et des concerts sont organisés promptement pour pouvoir juger des ressources, du talent de la débutante Mlle Alboni.

Quatre eurent lieu ; et si les autres faillirent, ce fut par des circonstances indépendantes de la volonté des artistes.

Le dernier était parfaitement ordonné, et fut brillamment exécuté. Le succès obtenu par le prodigieux Contralto se continue; nous ne dirons pas qu'il a augmenté, parce qu'au delà de certaines limites, le progrès est impossible, et dès la première soirée, la réussite de l'Alboni avait atteint le *nec plus ultra* du superlatif et du triomphant.

Mlle Alboni chante avec un entrain, un brio et une verve qui électrisent toute la salle; quelle légéreté joyeuse, quelle intensité de vie, quelle force d'expansion la gracieuse et robuste cantatrice a su donner à ces petits couplets de Lucrèce Borgia qui passaient presqu'inaperçus! Ne nous plaignons donc point de la stérilité du répertoire des semaines passées; riche stérilité, cependant, que celle qui peut afficher sur les portes dorées ces titres désormais ineffaçables: la *Juive*, *Guillaume Tell*, les *Huguenots*; chefs-d'œuvres qui possèdent pour interprètes MM. Baroilhet, Alizard, Mlle Dameron etc; car l'Opéra nous a donné ce nid de fauvettes harmonieuses que l'on appelle l'Alboni.

Quelques mots sur l'artiste et sur son talent.

Marietta Alboni est trop jeune encore, elle a vingt-trois ans à peine, son existence a été trop calme jusqu'à ce jour, pour que l'histoire de sa vie puisse offrir un intérêt dramatique. Je dirai donc qu'elle est née à Céséna, dans la Romagne, d'une famille distinguée. Son père était capitaine et lui fit donner une éducation excellente. Son goût pour la musique se révéla de très bonne heure ; à l'âge de onze ans, elle était capable de déchiffrer à la première vue la musique de chant la plus difficile. C'est un musicien nommé Bagiali, de Céséna, qui l'initia aux principes de son art; ses parents l'ayant conduite à Bologne, elle fut présentée à Rossini, qui, après l'avoir entendue, lui conseilla de recommencer toutes ses études de chant. L'illustre compositeur, le savant maestro, ne dédaigna pas de lui donner lui-même des leçons ; et depuis, il l'a suivie avec une touchante sollicitude dans ses glorieuses pérégrinations. C'est donc à Rossini que l'Alboni doit tout ce qu'elle est aujourd'hui; aussi, a-t-elle, en noble cœur, conservé pour ce grand homme une admiration profonde, une reconnaissance filiale. Elle n'avait point encore quinze ans qu'elle débuta à Bologne, et étonna le public par la sûreté de son jeu, par la manière large de son style. Merelli, l'habile impresario à qui Rossini s'empressa de la désigner, lui offrit sans hésiter un magnifique engagement.

Marietta passa du théâtre *Communale* à la Scala de Milan, où elle a chanté pendant quatre saisons, à différentes reprises. Son apparition sur la plus vaste scène de l'Italie eut du retentissement dans toute la Lombardie; on accourait, on se pressait de toutes les villes voisines pour entendre cette merveille nouvelle qui renouvelait tous les prodiges de la Pisaroni. Depuis, elle a parcouru l'Allemagne

et la Russie , excitant partout la sensation la plus vive.
En Italie, elle a chanté en italien. — C'est sa langue ma-
ternelle. — Elle a chanté l'allemand, en Allemagne ; elle
a donc chanté le français à Paris ; car elle parle toutes
les langues avec une étonnante facilité ; plutôt par instinct
que par principes ; Vienne l'a accueillie avec enthousiasme ; à Saint-Pétersbourg elle a été comblée de cadeaux
magnifiques et de millions de roubles ; à Londres, partout
un succès fou , des ovations fabuleuses ; car ne nous y
trompons pas , il a existé très peu de bons contralti. Les
plus célèbres ont été : la **Malanotte,** la **Gafforini,** la **Piza-
roni,** la **Ceccone** et la **Mariani.** Elles ont toutes vécu :

> Ce qui vivent les roses :
>
> L'espace d'un matin.

A l'heure qu'il est , nous en comptons deux qui sou-
tiennent à force de talent le répertoire passé de mode :
L'Angri et l'Alboni.

C'est la rareté même de ce genre de voix qui la fait
remarquer entre toutes les autres. Il n'y a pas un rôle du
répertoire que l'Alboni n'ait abordé et rempli avec succès.
Ceux qu'elle préfère, parcequ'elle y brille d'un éclat sans
égal, sont :

La Linda, la Donna del Lago, Tancredi, Rosina du
Barbiere, et par dessus tout, la *Favorite* qui est le plus
beau fleuron de sa couronne ; l'Alboni a soutenu le théâtre

de la Scala pendant une saison entière avec ce dernier rôle seulement, et aidée d'un entourage assez médiocre.

La voix de Mlle Alboni est d'un timbre admirable dans une étendue qui va du mi à l'ut aigu ; plus de deux octaves et demi !

Ceci est réellement merveilleux ! Elle joint à une excellente méthode une facilité prodigieuse de vocalisation ; son chant est large, ses notes sont pures et perlées comme celles que le rossignol fait entendre dans la nuit ; bref, c'est une cantatrice d'un ordre supérieur , et si sa personne, comme actrice , répond à son talent , M. Roqueplan aura trouvé à exploiter une mine de diamants de la plus plus belle eau. Il nous faut donc l'attendre avant de la juger complètement. Mais quel bonheur d'être enfin délivrés de tous les efforts surhumains, des contorsions extravagantes que nous avons été obligés de subir, sous prétexte de chant, de ces grimaces désolantes qui font ressembler l'amant à un démoniaque et l'amoureuse à la convulsionnaire ; mais quel bonheur de pouvoir se dire : En voici au moins une pour qui chanter est une fête, et qui se laisse emporter par l'harmonie et l'amour, comme la folle hirondelle qui se laisse insoucieusement bercer par les flots de la mer !

L'air de l'Italiana en Algeri surtout, que la signora Alboni a été obligée de répéter, a soulevé toute la salle , applaudissements frénétiques, violettes embaumées, fraîche rose et son bouton entrouvert lui formèrent un parquet de fleurs: l'ovation fut complète. Depuis Malibran, il ne s'est pas produit de contralto plus remarquable et plus complet. Elle avait laissé une place vacante, un trône inoccupé : l'Alboni a su conquérir l'une, et peut monter les degrés de l'autre.

Attendons !

Disons maintenant quelques mots sur la jolie femme d'Italie.

Il est fort difficile d'être du goût de tous, ce qui fait que les opinions sont partagées à l'endroit de la beauté. Quelques-uns prétendent que Mlle Alboni possède une figure d'ange bouffi, une taille rondelette qui pourra lui nuire dans les rôles à effets dramatiques; je ne saurais répétér l'expression plus triviale de quelques autres ; car à l'heure qu'il est, c'est une fourmillière impossible à écraser, et disons notre sentiment.

Lorsque la signora Alboni parut sur la scène de l'Opéra, vêtue de velours noir, une épingle de brillants à la poitrine, tenant à la main son papier de musique, l'intuition de son talent se révéla par une salve d'applaudissements spontanés qui s'adressait autant à la femme qu'à l'artiste. Malgré des formes très accusées, je n'oserais dire, à l'imitation de M. Gautier, malgré des contours opulents, des bras comme ceux des statues de Michel Ange, une taille élevée, énergique, souple et gracieuse, Mlle Alboni possède une physionomie charmante, pleine de douceur et de suavité, éminemment féminine, très jeune même, qu'éclairent des yeux spirituels et le plus heureux sourire du monde; ses cheveux, qu'elle porte coupés à la Titus, lui donnent un cachet original; c'est un sacrifice qu'il lui a fallu accomplir à cause des exigences de son emploi; car, en sa qualité de contralto, l'Alboni joue presque toujours des rôles d'homme. En un mot, elle sait réunir la plus rare et la plus pénétrante de toutes les grâces; la grâce de la force, et le charme qu'elle exerce est enivrant.

La déesse renommée avait bien fait d'emboucher la trompette et de sonner ses fanfares les plus victorieuses, car il lui est permis de s'interpréter le mot de César :

Je suis venue, et j'ai vaincu !

Après son beau talent, après son joli visage, laissez-moi vous parler de sa vivacité méridionale et de la bonté de son cœur.

Ce qu'il faut surtout admirer chez Marietta Alboni, c'est son caractère. Italienne dans l'âme, elle est d'une indifférence incroyable, pour tout ce qui touche à ses intérêts et à sa gloire, et vraiment elle aime l'art pour lui-même et non pour ce qu'il peut rapporter en profits, en honneur. Que lui importent les critiques des ennemis, le fol enivrement des dilettanti? Elle chantera jusqu'à sa dernière heure, et comme le cygne, s'envolera en jetant une note plaintive pour adieu !

Sa nature indolente repousse les agitations du théâtre;

les intrigues de coulisse, et jamais on ne l'a vue engagée
dans des discussions d'intérêt, ou des querelles d'amour-
propre. Il n'y a point pour elle de mauvais rôles, pourvu
qu'il y ait une phrase mélodique à chanter, cela lui suffit ;
son triomphe, d'ailleurs, est là ; qu'a-t-elle besoin de plus ?
Jamais, et cela est rare, l'Alboni n'a sollicité un engagement ; l'imprévu lui plaît, parce qu'il la dispense de ré-
fléchir la veille à ce qu'elle fera le lendemain. Quand elle
est en voyage et qu'il lui convient de chanter dans une
ville, Marietta loue le théâtre à ses frais et se fait entendre
une première fois pour rien...... Son talent fait le reste,
vous le comprenez sans peine.

Lorsque M. Persiani voulait l'engager pour le théâtre
de Covent-Garden, on la chercha longtemps, et il fallut
qu'un petit journal d'Allemagne vînt apprendre qu'elle
était allée, en revenant de Saint-Pétersbourg, se reposer
obscurément dans une modeste habitation située sur les
bords du Rhin. — L'excentrique Marietta ne voulut signer
aucun traité ; elle promit d'être à Londres au mois de
mars, et à jour fixe, elle s'y trouvait. *La France musi-
cale*, par l'interprète de M. Escudier de qui je tiens ces
détails intéressants, raconte encore qu'en passant par Venise, quelque temps avant ses débuts sur la scène de la
Scala, elle voulut s'essayer au théâtre de la Fenice. L'impresario, qui ne la connaisait pas, lui refusa même une
audition. L'Alboni ne se tint pas pour battue ; il y avait

à Venise un tout petit théâtre complétement délabré, qui servait d'asile à une troupe de comédiens ambulants. Elle proposa au chef de faire réparer cette salle à ses frais et de partager le bénéfice des représentations qu'elle y donnerait. Cette offre fut acceptée avec joie. En quelques jours la salle fut remise à neuf et en un mois, l'heureux impresario et l'artiste se partagèrent 40 mille francs.

Je cite deux anecdotes comme la chronique me les a dites : ni plus, ni moins. La Diva, car ce nom lui est acquis dès aujourd'hui , a déja bien voyagé, de l'Est à l'Ouest et du Nord au Midi. Plus d'un fils d'Albion s'éprit de ses charmes excentriques, plus d'un Espagnol, bel Hidalgo, soupira et chanta toute la nuit au pied de son balcon de pierre : un jour, Mlle Alboni était à Berlin en habits d'homme, étant assise à table d'hôte et la conversation étant fort animée , elle entendit certains discours qui lui déplurent; vive et prompte, le sang lui monta au visage, et sa main, une jolie main, dit-on , tomba sur la joue du prussien qui l'importunait. Ce prussien était un officier, raide, guindé et le corps empalé comme tous les Prussiens de Prusse, et de plus homme d'honneur. Un rendez-vous fut pris pour le lendemain; mais le lendemain ; Mlle Alboni était prête, et les témoins trouvèrent en habits de femme le malin démon de la table d'hôte, laissant le choix des armes à l'insulté. Vous comprenez que le grand massacre qu'on s'était promis de part et d'autre se termina pacifiquement; on ne tua personne, on dîna fort bien et... tout le monde s'embrassa; car le prussien, quoique prussien, estima qu'une main aussi blanche, aussi potelée, caressait encore, même en soufflettant.

Vous êtes tous du même avis, n'est-il pas vrai?

Voici pour la tête :

Passons à l'autre anecdote, celle du cœur.

Après maints pourparlers, mainte entrevue, Alboni consentit à donner des représentations à Londres pendant toute une saison, plus pendant trois ans, trois ans de moissons de guinées et de lauriers. Au moment de signer l'engagement qui l'attachait au théâtre de Covent-Garden, la jeune artiste repoussa le contrat. — « Comment ! s'écria le directeur, les conditions que vous avez acceptées hier, ne vous conviennent plus aujourd'hui? — Si, parfaitement; permettez-moi seulement de vous en rappeler une que vous avez oubliée. — Laquelle? — L'engagement d'un pauvre diable de régisseur que vous avez renvoyé... — Mais, voulut répliquer M. Lumley... — Il n'y a pas d'objection; d'ailleurs je les refuse ; l'un des engagements ne va pas sans l'autre; choisissez. »

Le directeur signa les deux papiers timbrés. Il ne pouvait mieux faire.

Le régisseur était venu supplier Mlle Alboni dans la matinée. C'était un pauvre brave homme, père de famille, qui était bien malheureux ; car il avait peur de l'avenir.

Après qu'il l'eut quittée, en la nommant son ange protecteur, son génie bienfaisant, il rapporta la joie et l'espérance dans sa famille qu'il avait laissée sous le coup du désespoir.

Caractère prompt, cœur d'or, talent merveilleux, quelle fée la doua de tant de prestige ! et que d'envieux pour un tel trésor !

Mlle Alboni est partie pour la Hongrie, où elle doit passer un mois ; après cela, dit-on, elle nous reviendra tout à fait, et débutera dans Othello par le rôle de Desdemone, car la jeune et belle cantatrice parle très-aisément et très-purement le français ; elle rentrera juste pour combler le vide que laissera la Cerrito, célébrité chorégraphique que l'admiration de l'Italie, de l'Angleterre placent à côté des Taglioni, des Essler et de la Carlotta Grisi.

Décidément, MM. Duponchel et Nestor Roqueplan possèdent la prudence du serpent et le bonheur des rois.

Terminons par ce jeu de mots qui me fut dit hier à propos de l'Alboni.

« Qu'elle revienne donc bien vite de la Hongrie, qu'en ce moment nous détestons comme PESTH. »

Si le lazzis est mauvais, n'en accusez que le désir immodéré du Dilettante, amateur de tout nouveau bijou, et qui veut revoir à tout prix la perle de Rome.... à l'Opéra.

FANNY CERRITO.

Où est donc notre nationalité à nous autres Français, et d'où vient que nous recevons d'outre-mer nos muses et nos grâces ? D'où vient que ce sont les gentilshommes raides et empesés, les fils d'Albion au teint rose, à la chevelure... dorée, qui battent des mains les premiers, et qui se croient, je me trompe, qui sont appelés à juger nos célébrités ? Alors, quand ils ont accordé le brevet de perfection, nous pensons, nous, à les entendre à notre tour, et nous envoyons un ambassadeur qui revient quelquefois fort *à-vide*.

Forshame ! exclament les Anglais ! Honte sur nous ! devons-nous dire ?

Cette sortie me vient à l'endroit de Jenny Lind et de tant d'autres rossignols qui se sont enrhumés au brouillard de Londres, la brumeuse, et la rancune me continue à cause de Fanny Cerrito, bien qu'en dise M. Théophile Gautier, et je le laisse parler ici :

« Quoique jeune, Fanny Cerrito jouit depuis longtemps
« à l'étranger d'une réputation qui ne pouvait manquer de
« l'amener un jour ou l'autre à Paris, cette Athènes mo-
« derne, ce centre des beaux-arts et des belles manières,
« et si son apparition n'a pas eu lieu plus tôt, cela tenait à
« des obstacles ou à des exigeances que MM. Nestor Ro-
« queplan et Duponchel ont su lever et satisfaire avec cette
« habileté heureuse qui les caractérise. »

Il était donc en effet fort étrange qu'une danseuse qui avait été admise dans ce fameux pas de quatre dont le monde théâtral est encore étonné ; qu'une danseuse que l'Angleterre, notre ennemie intime, nomme après Taglioni, Essler et autres rares célébrités chorégraphiques, certes, il était bizarre que son nom, que son talent, que sa personne demeurassent inconnues à la France. L'approbation des Italiens, cœurs chauds, portés à l'enthousiasme, l'approbation des Allemands, rêveurs voués aux sonates de Beethoven et aux mélodies de Schubert, l'approbation des Anglais, gens vivant de thé, et mourant du spleen, ne peuvent compter pour le talent, ne suffisent point à dame renommée; pour qu'elle embouche la trompette, pour qu'elle inscrive sur son livre d'or, il faut que Paris lui apporte sa sanction, et dépose sur les marches de son trône la palme de l'immortalité !

Toutes les capitales sont, relativement à Paris, un peu petites villes de province, et bien des fois, l'engouement de tels ou tels s'est réduit près de nous, à presque rien. C'est donc pour l'artiste un moment solennel que cet examen qui l'attend sur la scène de l'opéra : épreuve sans appel, et qui devient décisive; car les juges, sévères et implacables, ne font ni la part de la jeunesse, ni la part de la frayeur.

Et cela est si vrai, qu'à l'heure qu'il est, je sais une danseuse à laquelle on adressait mille compliments sur son aplomb imperturbable. Pour toute réponse, elle me dit ces mots : Venez ce soir à ma loge : j'y fus ; et ce que je vis passe toute croyance : après le pas, deux de ses femmes la rapportèrent sur sa causeuse sans mouvement, presque morte ; elles la frottèrent d'essences et d'eau de Cologne jusqu'à ce qu'elle fût ranimée, et rendue au sentiment des choses ; alors elle me dit d'une voix faible : Voilà ce que vaut mon aplomb ! — Comment ! mais c'est folie, lui répondis-je ; adorée du public et avoir encore frayeur de lui ? — Si j'avais une seule fois montré ma peur, fit-elle, le public qui m'aime à la folie, m'eût jetée sans pitié à la porte. Le public, c'est l'homme, il faut le mener ou bien être menée par lui, et j'ai préférée être Reine que victime. Revenons à Cerrito, et faisons quelques peu sa biographie ; bref, commençons par le commencement.

Fanny Cerrito est née à Naples en 1821. Elle est fille d'un ancien officier du roi de Sicile, qui a servi avec honneur dans les armées de l'Empire ; elle manifesta dès son enfance de merveilleuses dispositions pour la danse, et débuta à l'âge de treize ans sur la scène de San Carlo à Naples, et depuis, elle a parcouru triomphalement les théâtres de Rome, Florence, Gênes, Turin, Vienne, Berlin et Londres, où elle a dansé pendant huit années consécutives ; nous citerons quelques ballets parmi les nombreux qui ont été composés pour Fanny. La Sylphide légère, Alma, le Lac des fées, l'Ondine, et en dernier lieu La Fille de marbre, danses auxquelles elle a su imprimer un cachet d'originalité inimitables.

A Milan, on se battait aux portes de la salle chaque fois qu'elle devait paraître sur la scène.

A Rome, l'élite de la noblesse lui fit cadeau d'une couronne d'or et de pierres fines de la valeur de 25,000 fr.

A Florence, Ibrahim Pacha s'y trouvant à la même époque, voulut lui être présenté. Après lui avoir fait faire par son interprète des compliments à la façon orientale, il se hasarda de lui demander si elle voudrait le suivre en Egypte ? La spirituelle Fanny lui répondit, sans se déconcerter le moins du monde, qu'elle était trop femme et partant trop coquette, pour vouloir habiter un pays où il fallait avoir la figure entièrement voilée. — Qu'à cela ne tienne, lui dit Ibrahim Pacha, l'exception sera faite pour vous seule, et l'on vous nommera : La sultane aux beaux yeux. — La sonnette du régisseur coupa court à ce dialogue qui eût pu se terminer par un enlèvement à la turque.

A Londres, la Cerrito obtint des succès inouis. Un soir qu'elle dansait dans Alma, le ruban de son soulier s'étant détaché, mylord S. , qui se trouvait dans une loge d'avant scène, se précipita sur le théâtre, prit le ruban, le porta à ses lèvres, ô excentricity ! et revint triomphalement à sa place au bruit des applaudissements de deux mille spectateurs enthousiasmés de cet acte de hardiesse.

Le frère de Napoléon à Florence, Marie Louise à Parme,

la reine Victoria, en Angleterre, lui ont offert des cadeaux dignes d'une souveraine.

La Cerrito était à l'apogée de sa gloire, lorsqu'en 1845, elle épousa un artiste qui l'avait suivie depuis quelques années dans toutes ses pérégrinations, M. Saint-Léon, dont nous vous dirons aussi quelques mots plus loin, si toutefois vous le voulez bien. Revenons maintenant aux débuts de la Cerrito. Ces débuts ont eu lieu dans une espèce de ballet, à la manière Italo-Anglaise, inventé par Saint-Léon.

Le Dilettante, charmé dans toute nouveauté s'est laissé prendre tout d'abord au pittoresque des détails et au charme de l'exécution.

Le succès a donc été des plus complets et des plus francs.

L'Opéra avait fermé ses portes sur des flots de dentelles, sur des corbeilles de fleurs et sur des parures de diamants et de rubis : La Fille de marbre a été généralement applaudie, et dès son premier bond, à l'apparition de cette grâce imprévue, Fanny a su conquérir son public.

Fanny Cerrito est heureusement douée pour la scène. Elle est blonde ; son regard limpide et bleu azuré a de l'éclat et de la tendresse ; un sourrire facile éclaire sa figure intéressante. Sa taille est bien prise, ses bras sont ronds et bien attachés, mérite rare chez les danseuses. Elle n'est ni maigre ni grasse ; c'est un milieu parfait ;

son pied a la cambrure de l'Andalouse, et chausserait ' la
pantoufle verte de Cendrillon. — Elle est née pour les
Ondines et les sylphides, et nul ne sortira de son fleuve
ou de sa grotte pour lui adresser un semblant de reproche.
M. Th. Gautier affirme qu'il y a chez elle absence d'école;
c'est un maître savant en toutes choses; mais je me per-
mettrai de lui répondre par ce seul mot :

Elle plaît.

Mot magique, mot victorieux, selon moi.

La famille Royale a voulu connaître aussi cette étoile
qui va filer vers le ciel rose de l'Italie.

La Fille de Marbre a donc été représentée à Saint-Cloud.
On avait fait faire en miniature les magnifiques décorations
du ballet. Celle du second acte, qui figure une place de
Séville, avait été imitée avec un rare bonheur.

Les nobles spectateurs n'ont pas cessé de suivre avec
un vif intérêt, et le programme à la main, la fable de
la Fille de Marbre.

Un incident qui, heureusement, n'a rien eu de fâcheux,
a jeté, un seul instant, son voile sombre sur les visages à
à la fin du premier acte.

Cerrito, en passant près d'un décor fraîchement peint,
s'était fait au genou une tache rouge qui avait toute l'ap-
parence, et qu'on croyait être une blesssure. Le roi, qu'on
peut comparer à Henri IV et appeler un vert galant, fit
témoigner à la danseuse tout son regret en la priant de

remettre la représentation à son choix, si elle se sentait blessée ; mais, Fanny Cerrito ayant changé de maillot, le spectacle s'est poursuivi plus brillant et plus animé que jamais.

Chose étrange ! le *ballabile* des quatre parties du monde, qui passe presqu'inaperçu à l'Académie royale, a eu un succès immense à la cour.

Le pas espagnol a produit beaucoup d'effet : il est souple, vif et fougueux, et offre beaucoup de séduction dans ses parcours ; puis Fanny s'habille avec goût, et sa mise est d'un effet certain ; ses poses sont remplies de charmes, et elle les doit à ses dons naturels. Aussi la danse espagnole a été bissée avec empressement et recommencée au milieu de milliers de brava !

Ce pas se nomme l'Aldéana ; et Burgmuller a composé pour lui une musique charmante ; le public parisien, si réservé et si prudent, lorsqu'il se trouve face à face avec une réputation étrangère, s'abandonne maintenant sans réserve au charme de cette façon vive et légère.

Le *Corsaire Satan* contenait ces jours derniers une supplique plaisante adressée à MM. Nestor Roqueplan et Duponchel, à propos de l'impossibilité de trouver place à leur théâtre, même aux stalles de couloir, et de l'inutilité des entrées qui ne servent qu'à sortir. Rien n'est plus vrai ; et si cette fureur continue, il faudra créer des stalles de péristyle.

La Carlotta est partie ! Un astre éclipse l'autre, assure-t-on ; Herschell dit plus :

Deux astres ne peuvent se rencontrer.

Le Hollandais y perdra ses Guillaumes d'or et son cœur.

Chacun son tour.

Après avoir vanté la déesse Terpsichore, parlons un peu du Dieu Vestris.

M. St. Léon est aussi jeune que Fanny ; son père le destina de bonne heure à la danse, mais il se sentait une vocation irrésistible pour le violon, qu'il étudia sous les plus grands maîtres.

Il composa la musique de plusieurs ballets, entr'autres la Bouquetière, charmante création de Fanny Cerrito. A l'âge de 15 ans, il entra dans la classe de danse de M. Albert, devint son meilleur élève, et débuta avec un grand succès sur le théâtre de la Monnaie, à Bruxelles.

Saint Léon danse parfaitement, surtout dans un temps où l'on ne veut plus de danseurs ; franchement nous n'avons pas la force de nous plaindre de cette agréable injustice.

Autrefois, c'était le contraire ; les hommes régnaient sans partage ; ils endossaient le corset en guise de cuirasse, s'entouraient de la jupe, et refusaient un baiser au séducteur qui leur prenait la taille. Nous préférons, on le pense bien, l'abus actuel ; remercions Mlle Fontaine qui fut la première femme qui dansa sur le théâtre de l'Académie royale de musique. On la vit pour la première fois, dans le ballet du *triomphe de l'amour*. La représentation se fit en présence du Roi, à Saint Germain-en-Laye. M. le Dauphin, Mme la Dauphine, Mademoiselle, la Princesse de Conti, et d'autres seigneurs et dames de la cour, dansèrent dans ce ballet. Cette idée, aussi neuve qu'originale, obtint tant de succès, qu'aussitôt après, dans les représentations du *Triomphe de l'amour*, à la ville, on introduisit des danseuses, ce qu'on n'avait encore vu sur aucun théâtre.

Depuis ce temps, le nombre des danseuses est incalculable ; mais l'on cite et l'on se souviendra toujours des célébrités qui tour à tour viennent se faire applaudir sur la scène de l'Opéra.

Marietta Alboni est déjà venue, nous attendons son prompt retour ; voici Fanny Cerrito qui est au milieu de nous avec tout son prestige ; Jenny Lind paraîtra, n'en doutez point.

L'Italienne, l'Espagnole, la Suédoise, trilogie charmante ; trilogie remplie de grâces et d'attraits ; étoiles qui brillez et passez comme des feux follets qui égarent la pensée des voyageurs, ne vous exilez plus si loin ; restez toujours avec nous, car il n'y a qu'un pays où l'on sache apprécier les talents ; qu'un seul pays où l'on sache aimer et vivre :

C'est Paris.

IMP. DE E. BAUTRUCHE, 90, R. DE LA HARPE.

www.ingramcontent.com/pod-product-compliance
Lightning Source LLC
LaVergne TN
LVHW020638180726
843502LV00006B/2114